Vaincre l'**Enderdragon**, explorer la cité de l'End et récupérer les ailes pour planer, tout ça en mode survie ? Un challenge, surtout si vous êtes débutant ou que vous tentez l'aventure en **mode difficile**. Ce livre vous donne les meilleures astuces pour préparer votre expédition, seul ou à plusieurs (mais il faut reconnaître qu'à plusieurs, c'est plus sympa). Vous verrez comment concevoir un abri efficace, quels sont les enchantements à privilégier, comment optimiser vos cultures et quelques exemples d'usines à mettre en place pour que votre expédition soit un succès. Vous remarquerez que je mentionne assez peu les enchantements de

flèches ou l'utilisation de potions persistantes. Ceci est assez logique car ces crafts ne deviennent disponibles en survie qu'à partir du moment où vous rencontrez l'Enderdragon. Vous vous en servirez si vous décidez d'invoquer l'Enderdragon une nouvelle fois, pour tester l'efficacité d'un nouvel équipement ou partager le frisson de ce combat épique avec de nouveaux venus dans votre monde.

1 C'est parti !

Construisez votre premier abri, de préférence non loin d'une forêt et d'un point d'eau ou d'une rivière. La forêt vous permet d'avoir une ressource en bois, essentielle pour fabriquer un abri de fortune, et le point d'eau vous permet de commencer vos premières récoltes de blé.

2 Sécurité

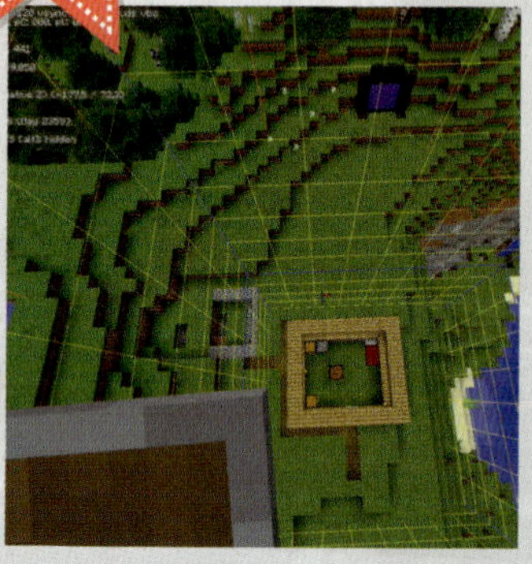

Lorsque vous avez construit votre premier abri pour la nuit, appuyez sur F3 et notez les coordonnées du lieu. S'il vous arrive un problème par la suite, vous pourrez vous orienter depuis le point de spawn jusqu'à votre abri et votre coffre, dans lequel vous n'aurez pas oublié de placer vos premières ressources.

3 L'abri de base

Le premier abri doit contenir un établi, un ou plusieurs coffres pour entreposer les ressources récoltées pendant vos explorations, et un four afin de pouvoir cuire la nourriture que vous récupérez. La nourriture cuite régénère plus de points de vie. Si vous avez croisé des moutons, construisez un lit afin de modifier le point de spawn. Ainsi, en cas d'accident, vous retrouverez aussitôt votre abri.

4 Mangez du pain

Le blé peut s'obtenir facilement en coupant les herbes situées un peu partout. En créant une houe, vous allez pouvoir labourer le terrain et planter du blé. N'utilisez pas vos outils ou vos armes pour couper l'herbe, vous les useriez inutilement. Le blé permet de fabriquer du pain.

5 80 blocs de culture

Vous pouvez utiliser un seul bloc d'eau et placer des cultures tout autour. L'eau permet d'hydrater la terre labourée dans un rayon de 4 blocs. Pour permettre aux cultures de se développer la nuit, placez au-dessus du point d'eau un bloc avec des torches.

6 Au charbon !

Lors de votre première exploration souterraine, il faut récupérer du charbon et créer des torches. Stockez-en toujours afin de pouvoir cuire vos aliments et fabriquer de quoi vous éclairer. Ainsi, vous pourrez explorer le sous-sol et récupérer vos premiers minerais de fer. C'est la première étape pour créer des outils plus solides.

7

Escalade

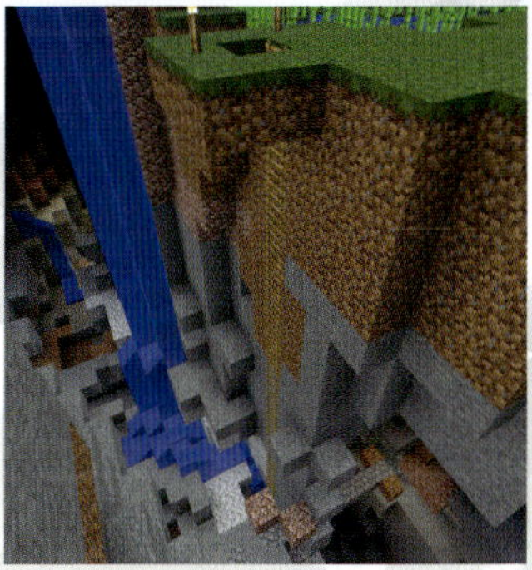

Fabriquez un stock d'échelles. Elles sont très utiles lors de vos explorations en sous-sol. Il faut toujours penser à aménager une sortie directe en cas de coup dur, et les monstres n'utilisent pas les échelles. Gare aux squelettes qui pourraient vous tirer dessus pendant que vous escaladez !

8

Vive le bouclier

Dès que possible, utilisez du bois et un lingot de fer pour vous fabriquer un bouclier. Lorsque vous affronterez vos premiers squelettes, vous pourrez vous protéger contre leurs flèches. Ces dernières rebondissent sur le bouclier et peuvent blesser le squelette qui vous a tiré dessus.

9 Transformer la lave

Lorsque vous avez récupéré suffisamment de minerai de fer pour fabriquer plusieurs épées, pioches et haches, fabriquez-vous un ou deux seaux, que vous remplirez d'eau et conserverez dans votre inventaire. En explorant les sous-sols, vous tomberez probablement sur des sources de lave. En versant de l'eau dessus, vous la transformerez en obsidienne, que vous pourrez plus tard extraire pour créer un portail du Nether. Parfois, des blocs d'eau vont se former entre deux blocs d'obsidienne, récupérez-les avec votre seau et répétez l'opération pour créer d'autres blocs d'obsidienne.

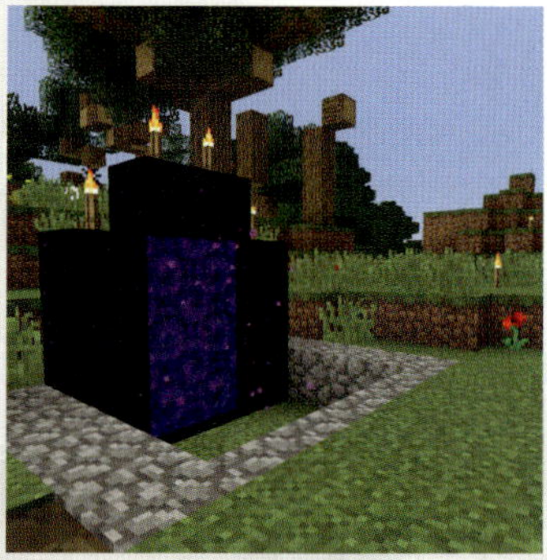

10 Chasseur de diams

Outre l'obsidienne, que vous créerez en trouvant des lacs de lave dans le sous-sol de Minecraft, la chasse au diamant est un objectif prioritaire. Pour en trouver, vous devez piocher jusqu'à atteindre les couches 2 à 15. Lorsque vous découvrez un filon de diamant, utilisez impérativement une pioche en fer pour l'extraire (sinon, vous ne récupérerez rien). Dès que vous avez 3 diamants, fabriquez une pioche en diamant dont vous ne vous servirez, dans un premier temps, que pour récupérer de l'obsidienne, afin de pouvoir fabriquer un portail du Nether. Les prochains diamants serviront pour votre set d'armure.

11 Range ta chambre

Créez plusieurs coffres afin de bien séparer le type de matériaux que vous y placez. Ce sera plus simple par la suite de les retrouver. Utilisez par exemple un double coffre pour stocker les blocs de pierre, sable et autres éléments de construction et d'autres coffres pour ranger des matières premières (graines de blés, fleurs, cuir, canne à sucre, etc.) ou encore vos minerais. Vous gagnerez du temps par la suite lorsque vous chercherez des éléments pour construire ou créer des objets. Avant une expédition, emportez avec vous le strict minimum, afin de ne pas tout perdre en cas de souci (chute, rencontre avec de nombreux monstres, etc.).

12 Attentif

Lors de vos séances de minage, soyez attentif aux sons. Vous entendrez le bruit de la lave ou de l'eau. Si vous voyez au-dessus de vous un bloc qui suinte (une goutte d'eau ou de lave), ne détruisez pas le bloc. Cela signifie que vous êtes juste en dessous d'un lac de lave ou d'eau. Et si vous mourez dans la lave, les objets de votre inventaire seront détruits.

13 On s'y perd

Lorsque vous explorez le sous-sol, choisissez une règle pour planter vos torches. Ainsi, si vous plantez les torches sur les murs de gauche et que vous êtes perdu, suivez les torches sur les murs de droite, pour remonter vos galeries dans le bon sens.

14 Les petits coins

N'hésitez pas à aménager des petits recoins avec un établi et un coffre lorsque vous minez le sous-sol. Vous pourrez y entreposer quelques minerais, vider votre inventaire et fabriquer de nouveaux outils, sans avoir à remonter dans votre abri. Ainsi, en cas de problème, vous ne perdrez pas tout le fruit de vos recherches d'un seul coup.

15 Prudence toujours

Avant de partir à la recherche de vos minerais, vérifiez que vous possédez des torches, deux ou trois pioches en fer, une épée en fer et de quoi manger. N'hésitez pas à remonter à la surface ou dans l'un de vos recoins dès que vous avez pioché un nombre important de minerais précieux.

16 Premier portail

Lorsque vous avez assez d'obsidienne, notez les coordonnées de votre abri à la surface, puis fabriquez un portail du Nether. Utilisez un briquet pour l'activer et entrez à l'intérieur. Ensuite, notez vos coordonnées dans le Nether. Lorsqu'un portail est créé, il vous téléporte normalement aux mêmes coordonnées, mais divisées par 8. Il arrive parfois, à la création du Nether, que les coordonnées divisées par 8 vous téléportent dans le vide ou dans la lave. Pour éviter cela, le portail se matérialise alors dans un endroit viable. Si le portail est à plus de 8 blocs de la position où il aurait dû se trouver, un nouveau portail est créé à la surface et, lorsque vous quitterez le Nether, vous ne serez pas téléporté à l'endroit où vous l'aviez construit au départ. Pour corriger cela, divisez le chiffre des coordonnées de l'abri en surface par 8, pour obtenir les coordonnées où vous devrez reconstruire le portail dans le Nether.

17 Abri dans le Nether

Lorsque vous pénétrez dans le Nether, emportez des pierres ou d'autres matériaux de construction avec vous, afin de bâtir un abri. Il est important d'utiliser un autre matériau que le bloc de Nether, car il se détruit lorsqu'un Ghast envoie sa boule de feu.

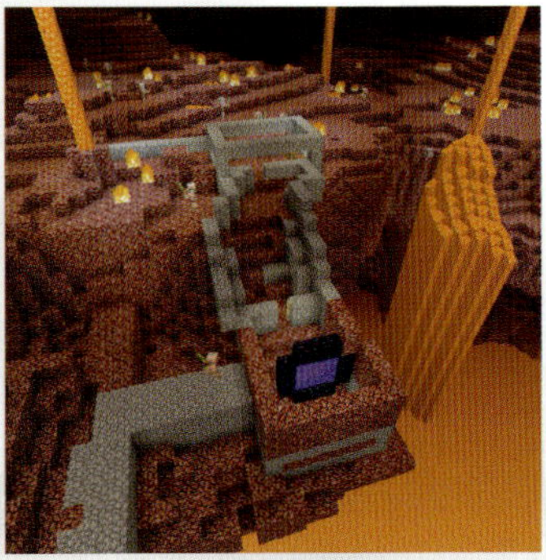

18 Laisser une trace

Munissez-vous de torches et de pierres pour marquer les endroits que vous explorez. La pierre grise a l'avantage de se distinguer facilement et de loin. N'hésitez pas à créer des structures assez hautes et placez vos torches également en hauteur pour mieux vous repérer. Vous n'aimeriez pas vous perdre dans le Nether...

19

La forteresse

Dans le Nether, l'un des objectifs prioritaires est de localiser une forteresse. Vous y trouverez les blazes, ces créatures qui lâchent le bâton de blaze, indispensable pour créer un alambic et transformer une perle de l'Ender en œil. Vous y croiserez aussi des squelettes munis d'épées. C'est dans ces forteresses que vous pourrez récupérer des verrues du Nether, qui permettent de créer des potions.

20

À l'aise Blaze

En explorant une forteresse, vous découvrirez des générateurs de blazes. Il s'agit de cages d'où sortent régulièrement ces créatures. Ne les détruisez pas, ces cages sont une garantie de récupérer régulièrement des bâtons de blaze. Vous pouvez aménager une salle autour du générateur, afin de la sécuriser pour venir détruire les blazes sans prendre de risques.

21 Ça chauffe

Le blaze est une créature qui lance 3 boules de feu vers sa cible, mais pas toutes dans la même direction. Il commence à fumer, puis s'enflamme au moment de lancer ses boules. Le meilleur moyen de ne pas se brûler les pieds est d'utiliser le bouclier lorsqu'il s'apprête à tirer. Vous pouvez le frapper à l'épée ou à la hache dès qu'il a lancé son attaque.

22 Souvenir du Nether

Le sable des âmes possède deux propriétés. Il ralentit les déplacements, ce qui peut être utile, et il permet de cultiver des verrues du Nether qui ne poussent que là. Lorsque vous en trouvez, ramassez-en afin de faire pousser les verrues directement dans votre abri.

23 Graine d'alchimiste

La verrue du Nether est l'ingrédient essentiel pour fabriquer la potion malsaine, qui est à la base de quasiment toutes les potions du jeu. Il est donc important d'en cultiver et d'en avoir toujours à profusion, afin de pouvoir créer des potions sans avoir à retourner dans les forteresses du Nether. Plantez simplement des graines de verrues dans le sable des âmes, et attendez la pousse complète avant de les récolter (sinon vous n'aurez ni verrues, ni graines à replanter).

24 Le premier alambic

Dès lors que vous avez localisé une forteresse dans le Nether et récupéré au moins un bâton de blaze, vous pouvez fabriquer un alambic et créer un atelier d'alchimie. Vous pouvez également trouver votre alambic dans un igloo, si vous avez eu la chance de découvrir cette construction dans les biomes plaines de glace ou taïgas enneigées. Utilisez une pioche (même une pioche en bois fait l'affaire) pour récupérer l'alambic. Si vous le cassez à la main, vous le détruirez.

25 Préparer l'atelier

Pour concocter vos potions sans avoir à faire des allers-retours incessants, préparez votre espace. Le mieux est de posséder une source d'eau à proximité. Pour cela, creusez 3 blocs et remplissez-les d'eau (sur les bords puis au milieu). Ensuite, lorsque vous avez besoin de remplir une fiole, faites un clic droit au milieu de votre source (l'eau sera infinie). Placez également un four ou deux à côté de l'alambic. Lorsque vous aurez besoin de créer des fioles, vous aurez juste à mettre du sable dans les fours. Pour la déco, vous pouvez également poser un chaudron (lorsqu'il est plein d'eau, il peut remplir 3 fioles vides). Placez également un coffre où vous entreposerez tous les ingrédients qui concernent l'alchimie.

26

Enchanté !

La table d'enchantement est un outil que vous devrez rapidement créer pour améliorer votre équipement. Enchanter un objet consomme du lapis-lazuli ainsi que des niveaux d'expérience. Le lapis-lazuli, ce minerai bleu, se situe en général à la même profondeur que le diamant, mais il se trouve plus fréquemment. Enchanter un objet consomme plus de niveaux d'expérience que de minerai, aussi n'oubliez pas d'aller régulièrement affronter des monstres pour augmenter votre niveau (ou de mettre en place une usine à xp).

27 Utiliser la table

Enchanter un objet peut se faire de plusieurs manières. Vous pouvez enchanter un livre et appliquer par la suite son enchantement sur l'objet en question. C'est de cette façon que vous pouvez augmenter la puissance de l'enchantement : par exemple, si vous appliquez un livre enchanté avec Protection II sur une armure qui possède Protection II, l'armure passera en Protection III. Vous pouvez aussi placer un objet non enchanté sur la table, et choisir votre enchantement parmi les 3 qu'elle vous proposera. Il est cependant impossible d'enchanter deux fois le même objet de cette façon. Pour augmenter le niveau de l'enchantement, il faudra par la suite utiliser des livres enchantés avec l'enclume.

28 Beaucoup de lecture

Placer des bibliothèques autour de la table d'enchantement permet d'augmenter le niveau d'enchantement qu'elle propose. Par exemple, avec 15 bibliothèques, vous obtiendrez à coup sûr un enchantement de niveau II. Parfois, vous pourrez obtenir 2 enchantements de niveau II. Il faut laisser au moins un bloc d'espace entre les bibliothèques et la table d'enchantement.

29 C'est en forgeant...

L'enclume est un objet indispensable lorsque vous commencez à enchanter des objets. Elle permet de réparer vos pièces d'équipement, mais surtout d'appliquer des enchantements sur des objets déjà magiques. C'est avec l'enclume que vous allez pouvoir augmenter la puissance de vos armes ou celles de vos protections. À chaque utilisation, l'enclume s'use. En général, vous pouvez l'utiliser une trentaine de fois avant d'avoir à en créer une nouvelle.

30 Enclume magique

Pour enchanter un objet avec l'enclume, il suffit d'y poser l'objet, ainsi que le livre qui contient l'enchantement. Cela consomme des niveaux d'expérience. Pour augmenter le niveau de l'enchantement, vous devez posséder un objet enchanté et un livre contenant l'enchantement du même niveau. Si vous utilisez un livre avec un enchantement plus puissant que celui de l'objet, l'augmentation en puissance ne sera pas plus importante (ce n'est pas utile de gâcher l'enchantement d'un livre en essayant). Certains objets peuvent avoir plusieurs types d'enchantements. Par exemple, une armure peut avoir Protection et Solidité. Placez le livre avec l'enchantement supplémentaire pour l'appliquer.

31 Boost d'enclume

Vous pouvez appliquer un enchantement ou l'améliorer en utilisant deux objets identiques. Par exemple, deux jambières qui possèdent Protection II donneront des jambières Protection III. Il faut que les objets soient de la même matière (diamant, fer, etc.). Vous pouvez ajouter des enchantements en plaçant deux objets identiques enchantés différemment, à condition que leurs enchantements soient cumulables (par exemple : on ne peut pas cumuler Fléau des arthropodes et Châtiment sur une même épée).

32 Désenchantement

Il est possible d'utiliser un établi pour réparer des objets. Comme pour l'enclume, il suffit de poser deux objets identiques. L'avantage de cette méthode est qu'elle ne consomme pas de niveaux d'expérience. Cependant, si vous tentez de réparer de cette manière un objet enchanté, l'enchantement disparaîtra.

33 Boost de livre

De la même manière que vous pouvez augmenter la puissance de l'enchantement d'un objet en le cumulant avec un objet identique, vous pouvez augmenter l'enchantement d'un livre en y ajoutant un livre qui possède le même niveau d'enchantement. Ainsi, deux livres Protection II vont créer un livre Protection III. Vous pouvez également cumuler plusieurs enchantements sur un livre.

34 Fabrique de livres

Il est important d'avoir une culture de canne à sucre à proximité. Cela vous permet d'avoir suffisamment de papier pour fabriquer des livres. Ces derniers vous permettront de crafter des bibliothèques et les livres que vous pourrez enchanter. La canne à sucre se plante dans le sable et a besoin d'eau.

35

Élevage

Assez rapidement, vous allez avoir besoin de divers types de ressources : du cuir pour fabriquer des livres, des pattes de lapin pour créer des enchantements, du lait pour cuisiner un gâteau ou vous soigner d'une maladie causée par un ennemi (sorcière, zombie, husk, etc.). Pour en obtenir, vous devez attirer des animaux (au moins deux) dans un enclos puis les faire se reproduire. Le blé tenu en main vous permet d'attirer vaches, champimeuh et moutons, les graines (blé, betterave, etc.) attirent les poules, et les carottes permettent d'attirer les lapins et les cochons. Lorsque vous utilisez l'objet avec un clic droit sur l'animal, une série de cœurs apparaît. Si vous le faites également sur l'animal voisin, cela enclenche la reproduction. Attirez donc deux animaux de chaque espèce, et vous pourrez commencer l'élevage.

36 Ferme à poulets

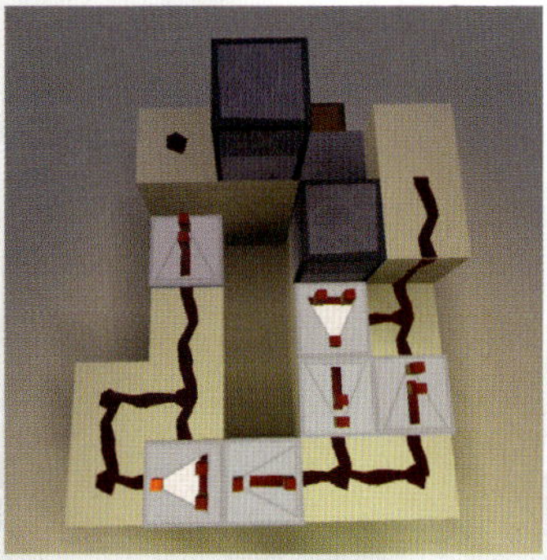

Créer une usine à poulets est un passage presque obligatoire si vous souhaitez gagner du temps dans votre projet d'élimination de l'Enderdragon. En effet, avoir régulièrement de quoi se nourrir et en quantité importante permet de se concentrer sur d'autres éléments, comme récupérer des diamants et s'équiper en conséquence pour affronter le boss ultime. Il existe plusieurs types d'usines. Celle-ci est assez compacte et ne demande pas trop de ressources. Je vous invite d'ailleurs à aller voir la chaîne Youtube de Myla, qui est très sympathique (tapez "Minecraft Myla poulet" dans le moteur de recherche Youtube pour accéder à sa vidéo). Vous y trouverez en détail l'explication sur la manière de concevoir cette machine. Le principe d'une ferme à poulets consiste à placer des poules pondeuses au-dessus d'un entonnoir. Lorsque ce dernier reçoit un œuf, cela crée une impulsion redstone et alimente le circuit, qui va jeter un œuf depuis un distributeur. Cela permet de faire éclore des poussins. Dans le même temps, le système va activer un brûleur (un distributeur avec un seau de lave à l'intérieur) pour griller la poule adulte et en faire du poulet rôti. Tout cela tombe dans un distributeur qui est relié à un coffre, dans lequel vous trouverez le poulet rôti ainsi que les plumes.

37 Ferme à œufs

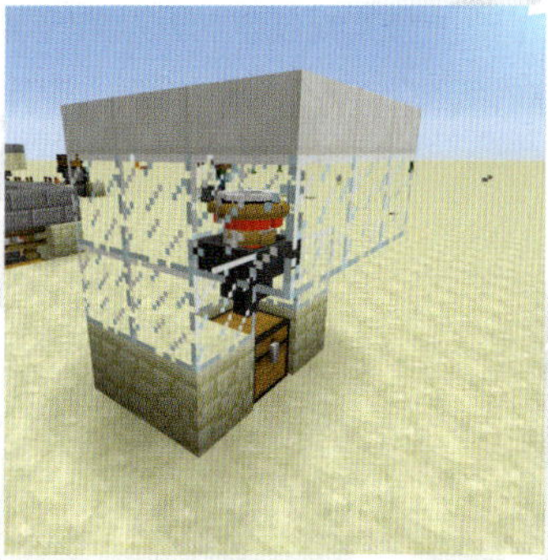

Dans une ferme à poulets, les œufs sont automatiquement jetés pour faire éclore des poussins. Il peut cependant être utile de conserver les œufs. Cette machine ne nécessite pas forcément de redstone, il faut juste créer un entonnoir que vous placerez sur un coffre. Créez une structure qui soit haute d'au moins 1 bloc et demi, afin d'empêcher les poules de s'échapper. Lancez des œufs sur l'entonnoir jusqu'à ce que quelques poussins apparaissent. Ensuite, une fois qu'ils auront grandi, ils vont pondre des œufs régulièrement, qui seront stockés dans le coffre. Utilisez des graines pour faire se reproduire les poules. Une dizaine de poules permet d'obtenir environ un œuf par minute. D'autres systèmes existent, comme celui de l'enclos rempli d'eau à l'aide d'un distributeur : le courant emporte les œufs pondus sur les entonnoirs, puis dans les coffres.

38 Le set d'armure

Avant de pouvoir affronter décemment les Endermen, vous allez devoir récupérer des diamants pour votre armure. Il faut 24 diamants pour créer un set d'armure complet. N'oubliez pas de les enchanter si vous avez suffisamment de lapis-lazuli et de niveaux d'expérience à dépenser. En premier lieu, créez votre plastron.

39 Que choisir ?

Les enchantements à privilégier sont Protection et Solidité, l'idéal étant d'obtenir Protection IV et Solidité III. Vous pouvez opter, sur l'une de vos pièces d'armure, pour Protection contre les projectiles. L'enchantement Solidité permet de ralentir l'usure, ce qui est important dès lors que vos pièces d'armure sont en diamant.

40 Dur comme fer

Utilisez les armes enchantées en fer plutôt que celles en diamants. La différence entre les dégâts d'une épée en fer et d'une épée en diamant est de 1 point de dégât (soit un demi-cœur). Notez qu'une hache en pierre ou en fer provoque 9 points de dégâts, ce qui en fait une arme très efficace, jusqu'à ce que vous obteniez une épée boostée avec un enchantement. La vitesse de frappe d'une épée en fait l'arme privilégiée pour le combat, son dps (dégâts par seconde) étant plus élevé.

41

Le cartographe

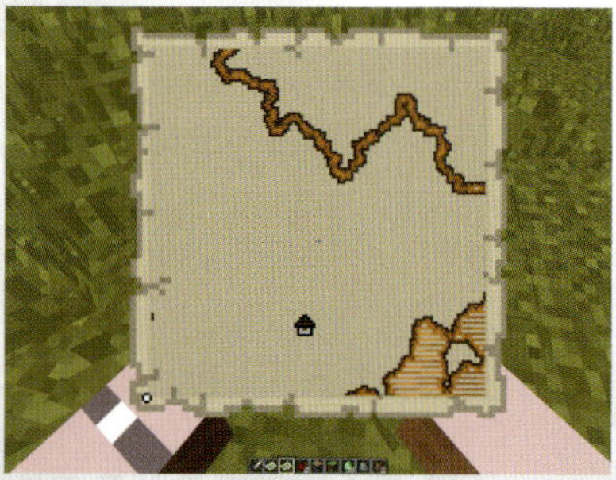

Dans les villages, un personnage nommé le cartographe (blouse blanche) vend deux types de cartes, contre des émeraudes et une boussole. Ces échanges sont disponibles après avoir commercé plusieurs fois avec lui. La première carte permet de localiser le temple sous-marin et la seconde de localiser le manoir. Le point blanc sur la carte représente votre position par rapport aux lieux. Les rivières et l'eau sont indiquées en marron, jusqu'à ce que vous les découvriez. La carte se dessine comme une carte classique. Explorer un manoir est le seul moyen de récupérer un ou plusieurs totems d'immortalité qui peuvent vous être utiles pendant le combat contre l'Enderdragon.

42 Le manoir

Il s'agit d'un bâtiment sur 3 étages, habité par les illageois (jeu de mots en anglais entre *villager* et *ill*, qui signifie malade). Les vindicators sont les illageois que l'on rencontre le plus souvent dans les manoirs. Ils sont rapides et vous attaquent à l'aide d'une hache. Les evokers sont, quant à eux, des mages qui invoquent 3 vex (sorte de fantômes) qui traversent les murs et vous chargent. Lorsque vous approchez l'evoker, il lance un sort qui peut vous atteindre sur plusieurs blocs de distance et vous retirer jusqu'à 5 cœurs en un seul coup. Ces manoirs possèdent plusieurs pièces, certaines contenant des coffres (on peut y trouver des pièces d'armures en diamant et des livres enchantés), d'autres des blocs de laine. Lorsqu'un evoker meurt, il lâche un totem d'immortalité. On peut trouver plusieurs evokers dans un manoir.

43 Enderman, où es-tu ?

Dès que vous commencez à avoir un set d'armure en diamant quasi complet, possédant des enchantements de Protection II, vous pouvez commencer la chasse aux Endermen. Cette étape est primordiale pour récupérer des perles de l'Ender. Elles vous permettront de crafter les yeux de l'Ender, seul objet capable de localiser la forteresse, puis d'activer le portail de l'End pour aller affronter l'Enderdragon. Pour trouver ces créatures, il faut se promener de nuit. Elles n'apparaissent que lorsque la luminosité est faible. De plus, elles ont tendance à apparaître dans des zones où il y a de l'espace (grandes plaines, déserts).

44

Affrontement

Attention, même avec Protection II, les combats peuvent être dangereux. Un Enderman en mode difficile fait 10 points de dégâts en un seul coup (5 cœurs). Si vous êtes en mesure de fabriquer des potions de force, de santé ou de régénération, n'hésitez pas à le faire et à les utiliser avant

le combat. Avant d'engager l'affrontement, vérifiez bien que vous avez éliminé tous les monstres proches (squelettes, zombies, etc.). Si vous deviez affronter à la fois l'Enderman et d'autres créatures, vos chances de survie baisseraient drastiquement. Une technique pour les affronter plus sereinement est de créer une petite structure de 2 blocs de hauteur en laissant un bloc ouvert en bas, de les frapper et de se nicher dans la structure. Ainsi, vous

pouvez les frapper mais eux ne peuvent pas vous atteindre (un Enderman fait 3 blocs de hauteur).

45 Œil pour œil

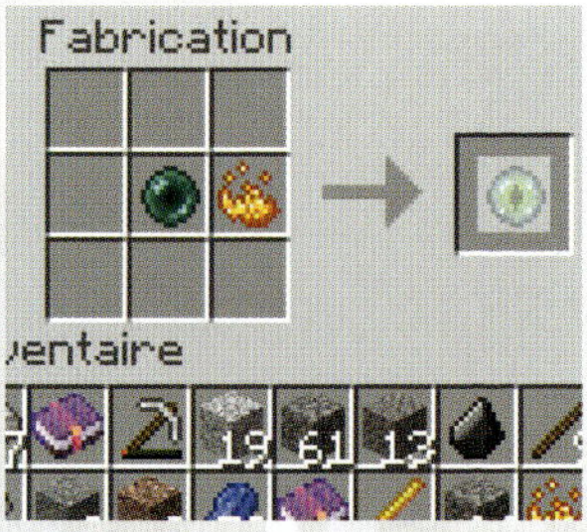

Lorsque vous avez récupéré des perles de l'Ender, il faut les associer avec de la poudre de blaze pour fabriquer des yeux de l'Ender. La poudre de blaze s'obtient avec un bâton de blaze. Pour localiser la forteresse, il en faut un bon nombre. Douze yeux de l'Ender seront nécessaires pour activer le portail de l'End, à moins qu'un ou plusieurs yeux ne soient déjà incrustés dans le portail quand vous le découvrez.

46 Coffre ultime

Avec de l'obsidienne et un œil de l'Ender, vous pouvez créer un coffre magique qui partage son contenu avec un autre coffre de l'Ender, où qu'il soit situé dans le monde. Fabriquez-en un dans lequel vous pourrez mettre les objets importants (set d'armure enchanté, ressources précieuses, etc.).

47 En route

Pour localiser la forteresse, vous devez jeter en l'air un œil de l'Ender. Ce dernier suit une trajectoire avant de retomber. Il faut imaginer cette trajectoire comme une ligne droite. La forteresse se trouve enfouie au croisement de deux lignes droites. En suivant l'œil, vous allez vous diriger toujours dans la même direction. Dès que l'œil change de direction, c'est que vous n'êtes plus très loin du but. Lorsque vous lancez l'œil, il y a une chance pour que se dernier se brise et disparaisse. Vous aurez donc besoin de plusieurs yeux de l'Ender pour localiser précisément la forteresse.

48 Tracer la route

Il vous faudra plus d'un essai avant de trouver la position de la forteresse. C'est pourquoi, lorsque vous commencez les recherches, il est conseillé de se munir d'une pelle, d'une pioche et d'un bon nombre de torches. Avant de lancer l'œil, marquez le sol en créant un chemin (clic droit sur l'herbe) ou faites un trou et placez-y un bloc très différent des autres. Lorsque vous lancez l'œil, suivez sa trajectoire, ramassez-le et tournez-vous pour fabriquer un chemin jusqu'au point d'où vous venez. Au fur et à mesure, vous tracerez une route claire jusqu'à la forteresse. Placez régulièrement des torches sur le bord de ce chemin. De cette manière, lorsque vous n'aurez plus d'œil de l'Ender, vous pourrez reprendre vos recherches là où vous vous étiez arrêté.

49 Placer des refuges

Il est probable que vous ayez un long chemin à parcourir avant de trouver la forteresse. Emportez avec vous de quoi bâtir un abri de fortune, ainsi qu'un lit. En construisant un petit abri au bord du chemin tous les 100 ou 200 blocs, vous serez assuré de ne pas avoir à vous défendre toute la nuit contre des monstres. Et si vous devez être rejoint par des amis, ils auront un endroit où se réfugier.

50 Accès forteresse

Lorsque vous avez localisé la forteresse, commencez à creuser. Vous pouvez créer une sorte d'escalier en colimaçon, afin de ne pas trop vous éloigner du point central qui vous a servi de repère. Si vous préférez creuser directement sous vos pieds, soyez prudent et placez des échelles au fur et à mesure. Lorsque vous avez localisé l'endroit, aménagez un puits avec de l'eau pour amortir la chute au cas où.

51 Dans les dédales

Vous allez repérer rapidement l'accès à la forteresse. Les murs sont en pierres taillées, vous trouverez des portes en fer et en bois ainsi que des escaliers. À moins de tomber directement dans la salle du portail, vous allez devoir trouver des passages ou creuser un peu pour rejoindre la salle. Vous devez toujours avoir des pierres taillées dans votre champ de vision.

52 Drôles de poissons

Lorsque vous creusez, si la pierre résiste plus qu'à l'accoutumée, c'est qu'un poisson d'argent s'y trouve. Il s'agit d'un insecte qui détruit le bloc dans lequel il se trouve et vous attaque. Il n'est pas très résistant mais si d'autres insectes se trouvent à proximité, ils sortiront de leurs blocs pour vous attaquer également.

53 Le portail de l'End

Le portail est constitué de 12 blocs qui peuvent contenir un œil de l'Ender. Lorsque le portail est orné de 12 yeux, il s'active. Attention, si vous plongez dedans, il est impossible de revenir en arrière (à moins de mourir). Avant de faire quoi que ce soit, mieux vaut organiser un campement autour de ce portail. Un générateur de poissons d'argent se trouve présent dans cette pièce. Il est plus prudent de le détruire.

54 Sécuriser la salle

Il est probable que de la lave soit proche du portail, aussi n'hésitez pas à récupérer des barres de fer et à sécuriser le périmètre dans un premier temps (surtout si vous n'avez pas emporté de seau d'eau avec vous). Un faux pas est vite arrivé et la lave détruirait votre équipement en un clin d'œil.

55 N'oubliez pas le seau

Vous pouvez verser de l'eau sur la lave, sous le portail, afin de la transformer en obsidienne et de continuer le travail de sécurisation de la salle. Faites de même avec les autres blocs de lave, s'il y en a dans la salle. Placez également des torches aux alentours afin d'éviter que des monstres apparaissent. Un accident de creeper est vite arrivé !

56 Amenez un lit

En premier lieu, installez un lit et dormez-y. Ainsi votre point de spawn sera au pied du portail. Créez ou installez une table d'enchantement et une enclume. Dans la foulée, préparez un atelier d'alchimie. Autant avoir de quoi fabriquer des potions et réparer votre équipement avant de pénétrer dans l'End !

57

Au cas où

Créez un coffre de l'Ender. De cette manière, les objets que vous avez placés dans le premier seront accessibles depuis le nouveau. Placez à l'intérieur des ressources rares, comme par exemple des ingrédients pour l'alchimie ou un set d'armure enchanté de rechange, si vous avez pu en crafter un (ce qui est recommandé).

58

Activer le portail

Vous avez récupéré 12 perles de l'Ender ? Vous les avez transformés en 12 yeux de l'Ender ? Vous pouvez ouvrir le portail ! Pour enchâsser l'œil de l'Ender dans le bloc du portail, faites juste un clic droit dessus. Lorsque tous les yeux sont placés, le portail s'active. Il est impossible de casser les blocs qui constituent le portail. Oui, c'était tentant de se dire que vous auriez pu les récupérer et installer le portail ailleurs, mais... non.

59 Armures en double

Avant de foncer tête baissée dans le portail, il est important de préparer votre équipement pour le combat contre l'Enderdragon. Prévoyez plusieurs armes et armures enchantées, que vous laisserez dans le coffre de l'Ender. Faites de même pour les munitions (œufs, flèches) et les potions. Mieux vaut être prévoyant au cas où votre premier essai serait un échec.

60 Les pommes

La pomme dorée est indispensable pendant le combat contre l'Enderdragon. Lorsque vous en croquez une, vous gagnez 4 points de vie supplémentaires pendant 2 minutes, ainsi qu'un court effet de régénération. Depuis la version 1.9, il est impossible de crafter la pomme dorée enchantée. Vous pouvez en trouver dans des coffres de donjons, pyramides ou wagonnets mais elles sont rares (moins de 3% de chances).

61 Lancer d'œuf

Les œufs peuvent être utilisés pour désactiver les cristaux qui régénèrent les points de vie de l'Enderdragon. En plus de vos flèches et boules de neige, vous pouvez donc en apporter avec vous, cela peut toujours être utile. Mieux vaut utiliser ces projectiles pour désactiver les cristaux et conserver vos flèches contre l'Enderdragon. Un œuf bien placé sur le cristal le fait exploser.

62 Six trouille !

Il est probable que de nombreux Endermen se trouvent autour du dragon. Vous pouvez en éliminer quelques-uns pour éviter d'avoir affaire à eux pendant le combat. Attention, en mode difficile, si vous frappez un Enderman, ce dernier répliquera même si vous êtes muni du casque citrouille.

63 Un petit dopant ?

L'Enderdragon possède 200 points de vie (100 cœurs). Autant dire que l'utilisation de potions pour l'affaiblir, ou augmenter vos dégâts, n'a rien de superflu, d'autant qu'en mode difficile, un coup de sa part provoque 15 points de dégâts (7 cœurs et demi). Votre armure et les enchantements appliqués dessus sont importants, mais absorber régulièrement des potions de régénération et de force va vous permettre de le blesser de manière bien plus importante.

64 Détruire les cristaux

Avant d'attaquer directement l'Enderdragon, il faut détruire les cristaux de l'Ender, situés sur des piliers. Ces cristaux s'activent et redonnent des points de vie à l'Enderdragon lorsqu'il vole à proximité. Vous pouvez utiliser des boules de neige ou des œufs pour les détruire. Il est plus rapide de le faire à distance, lorsqu'ils sont accessibles. D'autres méthodes peuvent être utilisées selon la hauteur, et si les cristaux sont entourés de grilles de fer.

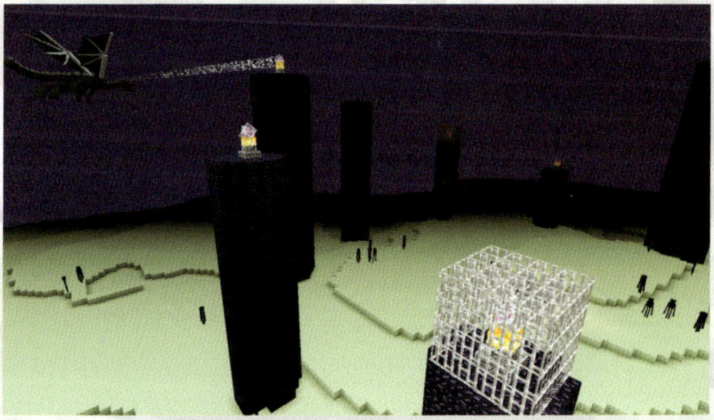

65 L'ascension

Vous pouvez tenter d'escalader les piliers afin de casser les grilles de fer qui protègent certains cristaux. Les échelles peuvent être utiles. Cependant, lors de l'escalade, mangez une pomme dorée. Si vous deviez chuter pendant l'attaque du dragon, vous auriez plus de chances de survivre.

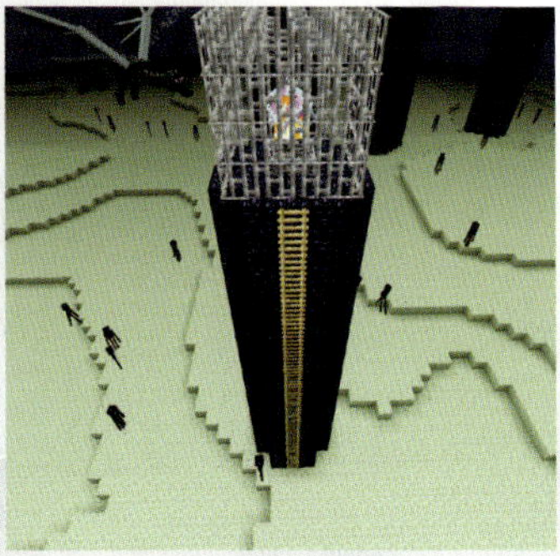

66 Get up ! Stand up !

Emportez avec vous des blocs de construction (pierres ou terre), afin de créer un escalier devant un pilier. Cette méthode est un peu moins périlleuse que d'empiler les blocs les uns sur les autres. Si vous jouez à plusieurs, certains vont pouvoir occuper le dragon pendant que d'autres créent des structures pour atteindre les cristaux.

67 Téléportez-vous

Vous pouvez également utiliser les perles de l'Ender pour vous téléporter en haut des piliers. Si vous êtes bon viseur, c'est une méthode efficace. En combattant les Endermen présents dans la zone, vous pourrez récupérer régulièrement ces perles. Avant toute chose, assurez-vous d'avoir mangé une pomme dorée, la téléportation cause toujours quelques dégâts. C'est une méthode périlleuse car si la perle atteint le cristal, elle le fait exploser pendant la téléportation. Mais vous pouvez tenter le coup si vous n'avez peur de rien.

68 Le combat final

Le boss de l'End vole à proximité des piliers avant de filer vers sa cible. Le coup qu'il donne avec sa tête a de fortes chances de vous éjecter en l'air, en plus de vous infliger des dégâts. Lorsque vous vous tenez à 20 blocs ou moins du portail central, le dragon utilise son souffle pour protéger la zone. Les particules violettes fonctionnent comme une potion persistante de dégâts. En utilisant une fiole vide sur ces particules, vous récupérez du souffle de dragon. C'est ce qui vous permettra de transformer une potion en potion persistante. Lorsque le dragon a fait quelques tours à proximité des tours où se trouvent les cristaux, il a tendance à se poser près du portail. Pendant ce temps, il est insensible aux tirs de flèches. Si les cristaux sont détruits, vous pouvez le frapper à l'épée. Vous disposez de quelques secondes avant qu'il ne lance sa charge et se remette en vol, de quoi lui porter une dizaine de coups.

69 C'est qui le boss ?

Lorsque vous aurez vaincu l'Enderdragon, vous serez redirigé vers votre dernier point de spawn. Vous pourrez retourner dans l'End quand vous le souhaiterez. Ce sera alors l'occasion de rejoindre la cité de l'End, dernière zone d'exploration avant de récupérer les élytres, les ailes qui vous permettent de planer.

70 Portail vers la cité

Pour pouvoir rejoindre la cité de l'End, vous devez retourner dans l'End et localiser le portail qui y conduit. En général, il se trouve en hauteur. Vous allez donc devoir créer une structure pour vous en approcher. Une fois que l'Enderdragon est mort, il s'active. Seule une perle de l'Ender permet d'y entrer et de rejoindre la cité de l'End.

71

Drôle de cité

La première fois que vous entrez dans la cité de l'End, appuyez sur F3 et notez les coordonnées du portail afin de pouvoir le retrouver lors de vos explorations. Le portail étant situé en hauteur, créez une structure pour pouvoir le rejoindre. N'hésitez pas à construire encore plus haut, afin de pouvoir repérer de loin le portail lorsque vous allez vous mettre à la recherche du navire de l'End.

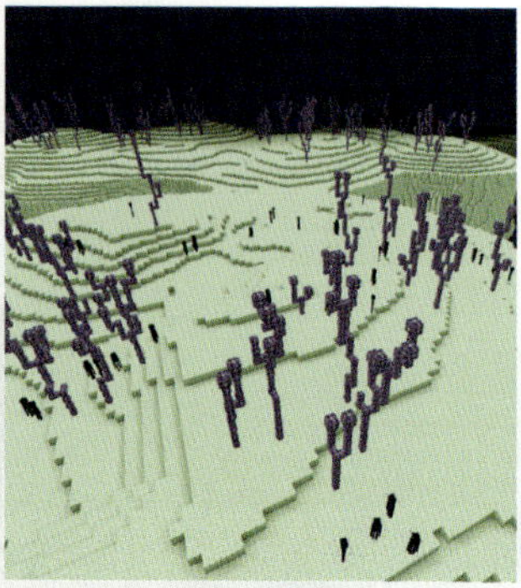

72 Le petit poucet

Comme dans le Nether, il est utile de tracer au sol un chemin afin de retrouver facilement votre route. Emportez avec vous des pierres en quantité ainsi que des torches. Vous pouvez par exemple poser un double coffre non loin du portail et y stocker en masse des matériaux de construction, afin de ne jamais être à court.

73 Chasse au trésor

Dans la cité de l'End, vous trouverez des tours (petites ou grandes) et des ponts qui relient parfois plusieurs tours. Ces structures abritent des shulkers (des monstres qui ressemblent aux blocs pourpres) ainsi que des coffres où vous trouverez des lingots d'or, des diamants et, de manière plus rare, des pièces d'armures enchantées en diamant.

74 Vaisseau spécial

Le principal objectif, dans la cité de l'End, est de localiser le navire. C'est dans cette structure que vous trouverez les élytres, l'objet qui vous permettra de planer. Si vous jouez à plusieurs, vous allez devoir vous mettre en quête d'autres navires afin de trouver plusieurs élytres.

75 Ça plane pour vous

L'élytre est un mot qui vient du grec et qui désigne une paire d'ailes durcies dont certains insectes sont munis. Dans Minecraft, cet objet se place à l'endroit où vous porteriez un plastron et vous permet de planer sur une distance plus ou moins longue, selon la hauteur de chute. Cet objet ne peut être ni crafté, ni détruit. Vous pouvez le réparer à l'aide de cuir. Si la durabilité est à son minimum, l'objet ne peut plus être utilisé. Posez-le sur une enclume pour le réparer.

76 Tête de pioche

Le shulker est une créature qui ressemble à un bloc pourpre. Lorsqu'il vous détecte, il s'ouvre et lance un missile à tête chercheuse qui, s'il vous atteint, vous blesse et active sur vous un effet de lévitation. Cela peut vous blesser lors de la chute, une fois l'effet estompé. Lorsque le shulker est fermé, il possède l'équivalent de 20 points d'armure.

77 L'ascenseur

Dans les structures de type tour, de nombreux shulkers vont vous lancer des missiles. Vous pouvez en profiter pour "rusher" l'ascension de la tour en utilisant l'effet de lévitation pour rejoindre les plateformes supérieures. Attention tout de même, un faux pas et la chute sera rude !

78 Le fruit magique

Lorsque vous cassez une plante de chorus, vous pouvez récupérer son fruit. Si vous le mangez, il vous rend 2 points de faim et vous téléporte dans un rayon de 8 blocs. Lorsque vous êtes sous l'effet de lévitation d'un shulker et que vous montez un peu trop haut, manger le fruit annule la lévitation et vous téléporte sur la terre ferme. C'est un bon moyen de ne pas subir de dégâts de chute.

79 La plante de chorus

La plante de chorus pousse dans la cité de l'End, sur la pierre de l'End. Vous pouvez tout à fait en faire la culture à la surface, en ramenant la pierre et la plante. Lorsque vous cassez la plante à la base, toutes les branches s'effondrent et vous récoltez plusieurs fruits de chorus.

80 Recette de chorus

Il est possible de placer le fruit de chorus dans un four. Dans ce cas, vous obtenez un chorus éclaté. Le fruit n'est alors plus comestible mais vous pouvez vous en servir pour créer une barre de l'End, avec un bâton de blaze, ou créer un bloc pourpre en associant 4 chorus éclatés.

81 Toujours plus haut

La fleur de chorus a tendance à pousser au sommet de la plante de chorus. Lorsqu'elle devient plus sombre, cela signifie qu'elle est arrivée à maturité. Vous pouvez alors la récolter pour en replanter d'autres. Tant que la fleur n'est pas arrivée à maturité, la plante tente de pousser vers le haut, ou sur les côtés si elle ne peut croître en hauteur. Une plante va donner plusieurs branches et fleurs.

82 Boîte de shulker

Lorsque vous éliminez un shulker, ce dernier lâche des fragments de carapace qui peuvent servir à créer une boîte de shulker. La particularité de ce coffre (d'une contenance de 27 objets) est que vous pouvez le placer dans votre inventaire en gardant l'ensemble des objets qui y sont placés (lorsque vous détruisez un coffre classique pour le mettre dans votre inventaire, les objets qui s'y trouvent se répandent au sol). Ces coffres peuvent donc augmenter la capacité de votre inventaire de manière importante. Et pour les amateurs de déco, il est possible d'utiliser des teintures pour donner une couleur différente à chaque coffre fait en carapace de shulker.

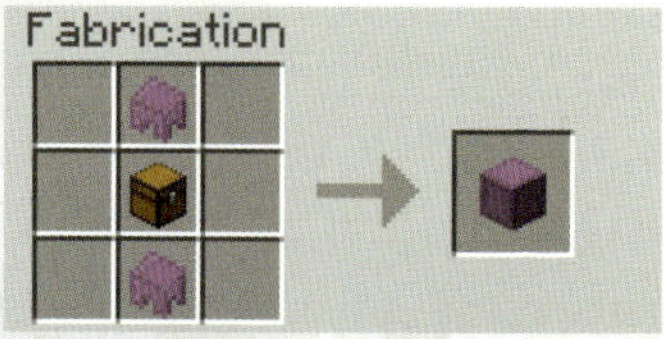

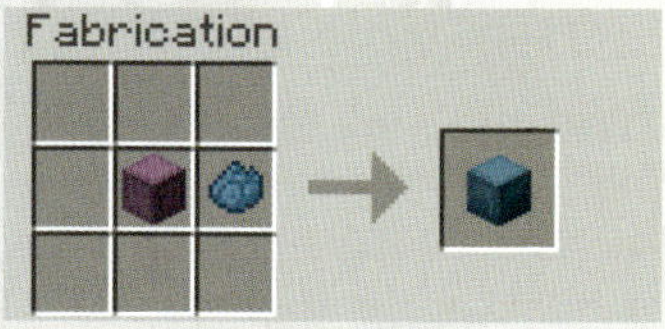

83 Mon pote le loup

Si d'occasion, en traversant un biome taïga, vous croisez un loup, utilisez des os sur lui, à l'aide d'un clic droit. Au bout de quelques clics, un collier de couleur apparaîtra à son cou, signifiant qu'il est apprivoisé. Un clic droit sur l'animal le fait asseoir. Dans ce cas, il ne bougera pas de sa position. Un loup apprivoisé vous suit partout et s'attaque à une créature si elle est agressive à votre égard, ce qui est très pratique pour se débarrasser des squelettes. Si un loup est blessé, vous devez lui donner de la nourriture pour le soigner. La position de sa queue indique son état de santé (en bas lorsque sa vie est faible). Un loup domestiqué possède 10 cœurs et inflige 4 points de dégâts (2 cœurs) lorsqu'il attaque.

84 Pas de loup partout

Évitez d'emmener votre loup dans les séances de minage, vous risqueriez de le blesser en creusant. De plus, si vous découvrez une zone de lave, il pourrait s'y tuer. Le loup a besoin d'espace, emmenez-le avec vous dans vos grandes balades découverte et quand vous sortez la nuit. Il vous sera bien plus utile dans ces moments-là.

85 Rodéo

Assurez-vous d'être main nue pour apprivoiser un cheval. Lorsque vous faites un clic droit sur l'animal, vous montez dessus. Ce dernier vous éjecte au bout de quelques secondes. Répétez l'opération jusqu'à ce que de petits cœurs apparaissent. Cela signifie qu'il est apprivoisé. Cependant, vous ne pourrez l'utiliser comme monture que lorsqu'il sera muni d'une selle.

86 En selle !

La selle est l'un des rares objets de Minecraft qui ne peut pas se crafter. Vous avez de grandes chances d'en trouver dans des coffres de pyramides ou de mines abandonnées. À force d'exploration, vous devriez en trouver quelques-unes, pour vous et vos amis, si vous jouez à plusieurs.

87 Étrange monture

Il est tout à fait possible, en posant une selle sur un cheval squelette, de le monter et de le diriger. Vous n'avez pas besoin de le dompter. Les chevaux squelettes peuvent apparaître pendant les nuits d'orage. Ils sont chevauchés par des squelettes. Pour en récupérer un, tuez le squelette en évitant de frapper le cheval. Ce dernier restera dans les parages par la suite.

88

Le lama

9999

Le lama peut s'avérer être un moyen de transport très pratique, tant que vous n'avez pas encore trouvé de selles pour monter à cheval. Comme pour ce dernier, le lama se dresse en le chevauchant (clic droit sur l'animal à main nue) jusqu'à ce que de petits cœurs apparaissent autour de lui. Une fois dessus, vous pouvez ouvrir l'inventaire et placer un tapis de couleur en guise de selle. Les lamas peuvent également porter un coffre (comme les ânes). Ce sont des créatures passives mais si un loup sauvage approche, ils cracheront dessus pour le faire fuir.

89 La fête au village

Rassembler des villageois à proximité de votre abri peut être une idée intéressante pour écouler vos stocks de chair putréfiée ou commencer la construction d'une usine à fer. Il existe plusieurs moyens pour recréer un village. Vous pouvez piéger un zombie-villageois, et le transformer à l'aide d'une potion volatile de faiblesse et d'une pomme d'or. Lorsque vous avez réussi à enfermer un zombie-villageois, jetez-lui la potion de faiblesse, puis faites un clic droit sur lui avec la pomme d'or. Vous pouvez également localiser un village et créer un wagonnet et une voie ferrée. L'idée est de créer une ligne de transport, de faire monter le villageois dans le wagon et de l'amener là où vous souhaitez recréer le village. Pour qu'un wagonnet "récupère" un villageois, il faut qu'il monte d'un bloc au moment de heurter le villageois (comme sur la photo). Une fois à bord, le villageois ne pourra descendre que si vous cassez le wagonnet.

90 Zone commerciale

Vous pouvez rassembler vos deux villageois dans une pièce avec des portes. Au bout d'un certain temps, ils vont se reproduire. Lorsque vous avez assez de villageois, vous pouvez les lâcher dans la nature. Pour éviter qu'ils ne se fassent tuer la nuit par des zombies, il est préférable qu'ils aient accès à des abris. Vous pouvez aussi les placer dans une structure dont ils ne pourront pas s'échapper.

91 Nos amis les golems

Si vous avez 10 villageois et une vingtaine de portes dans votre village, un golem de fer va apparaître. Il assure la sécurité des villageois en cas d'attaque de zombies. Vous pouvez vous-même créer un golem de fer à l'aide de 4 blocs de fer et d'une citrouille. Le fait qu'un golem puisse apparaître à partir de 10 villageois est la base de la création d'une usine à fer.

92

Usine à xp

Il existe plusieurs techniques pour faire apparaître des monstres et les tuer, ce qui vous rapporte de l'expérience. L'une des plus rudimentaires consiste à créer une salle dans l'obscurité, et à la sécuriser en aménageant un espace pour que vous puissiez les frapper sans qu'ils ne puissent se défendre.

D'autres méthodes existent, comme utiliser un (ou plusieurs) distributeur(s) avec un seau d'eau dans une pièce fermée, comportant un trou. Activer le distributeur fait apparaître l'eau un court instant, ce qui pousse les créatures vers le trou, dans une salle où vous n'avez plus qu'à les tuer. De nombreux systèmes sont situés à une centaine de blocs de hauteur, afin d'être certain que les monstres n'apparaissent que dans votre structure, et pas ailleurs. Il faut retenir que les monstres apparaissent avec une luminosité au maximum de 7 et uniquement sur des blocs solides.

93 Usine à charbon

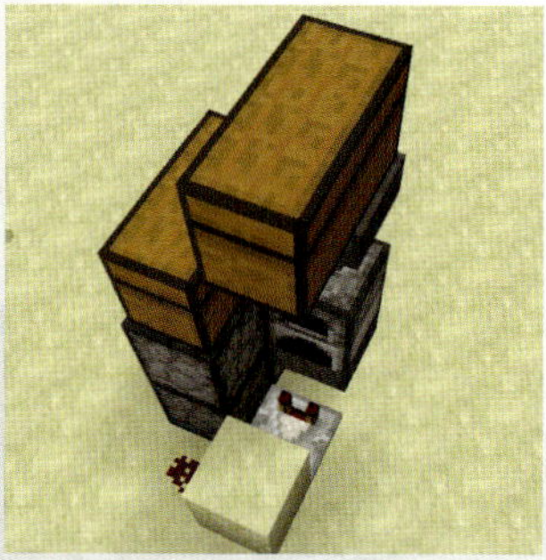

Le charbon est une ressource commune. Cependant, au cours de votre progression, vous pourrez avoir envie de produire régulièrement du charbon, pour vos torches, par exemple. Créer du charbon nécessite de brûler une bûche en bois. L'un des systèmes les plus basiques consiste à utiliser une combinaison de droppers, de coffre, de redstone et de four. Le système ne nécessite pour démarrer qu'un minerai de charbon, et au départ, chaque charbon produit permet de brûler les bûches suivantes. Lorsque le four est rempli de charbon et que l'entonnoir l'est également, le surplus vient automatiquement se placer dans le coffre. En mode survie, cette machine va mettre environ une heure pour devenir complètement opérationnelle. Vous n'aurez qu'à placer des bûches de bois régulièrement pour que le processus ne s'arrête pas. Pour éviter une perte en charbon (avant d'en récupérer dans le coffre, il faut que le four et l'entonnoir soient pleins), vous pouvez placer dans l'entonnoir d'autres objets, afin de n'avoir qu'un emplacement à remplir avec du charbon. Le four est placé sur un entonnoir. Chaque fois que du charbon est produit, une impulsion redstone active la série de droppers, ce qui va déplacer le charbon, jusqu'à le faire atterrir dans le coffre.

94 Usine à bois

Automatiser la pousse des arbres est un autre moyen de gagner du temps et d'éviter la déforestation de votre univers (même si un monde sans arbres ne modifie rien à l'écosystème dans Minecraft). Le but de ce système est de faire pousser rapidement les arbres que vous plantez. Pour cela, créez une salle dans laquelle vous allez poser autant de distributeurs que d'arbres. Vous pouvez commencer avec un arbre, puis agrandir le système par la suite. Vous allez simplement planter vos pousses d'arbres dans la terre, et placer de la poudre d'os dans le distributeur. Reliez ensuite ce système à de la redstone et à un bouton, afin d'activer le distributeur. La poudre d'os sera alors saupoudrée sur la pousse d'arbre, et ce dernier atteindra sa taille adulte. Il faut souvent utiliser plusieurs doses de poudre d'os avant que l'arbre ne pousse.

95 Culture de chorus

Lors de votre voyage dans la cité de l'End, ramenez de la pierre de l'End, ainsi que des fleurs de chorus que vous planterez à la surface. L'une des techniques utilisées pour récolter facilement les fleurs de chorus consiste à empêcher la pousse de la plante vers le haut, en plaçant des blocs au-dessus de la fleur (en laissant vide le bloc central). De cette manière, les fleurs seront toujours à portée de main. Une fleur de chorus plantée peut donner jusqu'à 4 autres fleurs. Développer une zone pour la pousse de fleurs et de fruits de chorus est un bon moyen pour fabriquer en nombre le bloc pourpre, sans avoir à retourner dans la cité de l'End.

96 Usine à pommes

Récupérer des pommes vous sera très utile pour fabriquer des pommes d'or et affronter l'Enderdragon. Pour en récolter régulièrement, vous pouvez mettre en place une usine semi-automatique. Le feuillage d'un arbre qui n'a plus de tronc se détruit avec le temps et vous permet de récupérer de temps en temps une pomme (ainsi que des pousses de chêne). Ce petit système fonctionne comme l'usine à bois, à la différence que vous placerez 5 blocs au-dessus de la pousse de chêne. De cette manière, lorsque l'arbre pousse, le tronc ne fait qu'un bloc de haut et, dès que vous le détruisez, le feuillage commence à disparaître. À l'aide d'un bloc observateur et d'un piston, vous pouvez automatiser totalement le système.

97

Evoker

Points de vie x12 **Butin**

Dégâts à distance

facile x3

normal x3

difficile x3

L'evoker est un mage capable de faire apparaître des fantômes par groupe de 3 (les vex). Il n'apparaît naturellement que dans les manoirs et, à sa mort, il lâche le précieux totem d'immortalité. Porté à la place du bouclier, il s'active si un coup fatal est porté au joueur, en redonnant des points de vie (comme une potion de régénération). Le totem disparaît dès lors qu'il s'active une fois et sauve la vie du joueur. L'evoker a tendance à fuir le combat, mais se défend en lançant un sortilège qui blesse tout joueur se trouvant dans l'alignement du sort. Plusieurs evokers peuvent se trouver dans un manoir, vous donnant l'occasion d'obtenir plusieurs totems d'immortalité.

98

Husk

Points de vie ❤ x10

Armure x2

Dégâts au corps à corps

facile ❤x2

normal ❤x3

difficile ❤x4

Butin

Ce type de zombie apparaît dans les biomes déserts. Contrairement aux zombies que l'on trouve dans les autres types d'environnements, le husk ne craint pas le soleil (comme un zombie qui porte un casque). Lorsque vous êtes blessé par ce monstre, il applique un effet de faim sur vous qui dure plusieurs secondes et qui empêche la régénération de vos points de vie. Soyez donc vigilant sur votre barre de vie pendant le combat, d'autant qu'ils sont rarement seuls.

99

Squelette

Points de vie ♥ x10

Butin

Dégâts à distance

facile ♥ x2

normal ♥ x2

difficile ♥ x2.5

Bête noir du joueur débutant, le squelette se rencontre sous diverses formes. Sa particularité est de vous repérer dans un rayon de 16 blocs et de vous lancer des flèches dans un rayon de 8 blocs. Cela en fait une créature redoutable, sans une bonne protection ou un bouclier. Lorsqu'il est agressif, il lance environ une flèche toutes les 3 secondes. Le bouclier permet de repousser les flèches, voire de blesser le squelette lui-même. Si vous mettez un autre monstre entre vous et lui et qu'une flèche blesse le nouveau monstre, ce dernier se retournera contre le squelette. Pensez-y lorsque vous affrontez des zombies ou d'autres squelettes. Dans les forteresses du Nether, on trouve des squelettes noirs qui attaquent au corps-à-corps et, dans les biomes enneigés, vous croiserez des squelettes qui lancent des flèches appliquant un effet de lenteur.

100

Enderman

Points de vie ❤ x20 **Butin**

Dégâts au corps à corps

facile ❤ x2

normal ❤ x3.5

difficile ❤ x5

Ces monstres, grands de trois blocs de haut, apparaissent de préférence dans les grands espaces comme le désert. Vous pourrez cependant en croiser dans tous types de biomes, mais lorsque vous partez à leur recherche, cherchez les endroits à découvert. Avant de vous y attaquer, assurez-vous d'avoir une bonne protection (ils provoquent jusqu'à 5 cœurs de dégâts en mode difficile). Ce sont des créatures résistantes, mais qui craignent l'eau. Un seau d'eau peut, dans certains cas, vous sauver la vie. En les tuant, vous récupérez des perles de l'End, indispensables pour découvrir, ouvrir et activer le portail de l'End.

101

Shulker

Points de vie ❤ x15 Butin

Armure x10 (quand il est fermé)

Dégâts à distance

facile ❤ x2

normal ❤ x2

difficile ❤ x2

Le shulker a fait son apparition avec la version 1.9 de Minecraft. Cette créature, qui se cache sous une épaisse carapace, se confond avec le bloc pourpre. On le trouve dans la cité de l'End. Lorsqu'il détecte un joueur, sa carapace s'ouvre et il lance un missile qui inflige 2 cœurs de dégâts ainsi qu'un effet de lévitation au joueur (ce dernier peut subir des dégâts de chute plus ou moins importants une fois l'effet dissipé). Le shulker ne bouge pas, à moins que sa carapace ne puisse s'ouvrir (à cause d'un bloc placé au-dessus de lui) ou que le bloc adjacent auquel il est accroché disparaisse. Dans ce cas, il se téléporte vers un autre point fixe.

102

Blaze

Points de vie ❤ x10

Butin

Dégâts à distance

facile ❤ x2

normal ❤ x3

difficile ❤ x4

Avec l'apparition du bouclier, le blaze n'est plus une créature aussi dangereuse qu'auparavant (même si l'on pouvait parer un coup avec l'épée dans la version 1.8). Lorsqu'une fumée noire apparaît autour de lui, c'est qu'il s'apprête à lancer son attaque. Vous avez alors le temps de lever votre bouclier. En mode survie, il est courant de sécuriser la salle où ils apparaissent afin de pouvoir venir récupérer plus facilement les bâtons de blaze. Attention à ses attaques au corps-à-corps, en mode difficile, elles peuvent vous mettre K.-O. en 2 ou 3 coups.

103

Cochon-zombie

Points de vie ❤ x10

Armure x2

Dégâts au contact

facile ❤ x3.5

normal ❤ x4.5

difficile ❤ x6.5

Butin

À moins de chercher à récupérer des pépites d'or, s'attaquer aux cochons-zombies n'a que peu d'intérêt en soi (à moins que vous n'en trouviez un isolé). Dès que vous en frappez un, tous les cochons-zombies de la zone vont vous tomber dessus et, en mode difficile, vos chances de survie face à une horde de cochons-zombies seront très faibles. Ce sont des créatures neutres, alors à moins de chercher à construire une usine à or, mieux vaut éviter le combat. Il arrive cependant qu'un cochon-zombie passe à travers un portail du Nether. Vous pouvez tenter le combat sans trop de risques dans ce cas-là : un cochon-zombie qui est à la surface n'attire pas ses potes du Nether.

104

Ghast

Points de vie x10 **Butin**

Dégâts à distance

facile x1 jusqu'à x8.5

normal x1 jusqu'à x8.5

difficile x1 jusqu'à x8.5

Cette grosse créature volante du Nether vous attaque à l'aide de boules de feu. Il est difficile de l'attaquer au corps-à-corps. Il faut donc utiliser des flèches pour la vaincre ou, plus économique, renvoyer la boule de feu qui, en général, la détruit instantanément. Le ghast est un monstre que vous chasserez pour récupérer des larmes de ghast et crafter des potions de régénération.

105

Enderdragon

Points de vie ♥ x100

Butin

Dégâts au contact

- facile ♥ x3
- normal ♥ x5
- difficile ♥ x7.5

Le boss de l'End possède 100 cœurs, ce qui rend le combat assez long et éprouvant, d'autant qu'il faut d'abord se débarrasser des cristaux qui régénèrent sa vie avant de l'affronter. En mode difficile, ses coups provoquent jusqu'à 7 cœurs et demi de dégâts. Autant dire que vous ne le vaincrez qu'en ayant un set d'armure enchanté et des pommes d'or, ou autres potions pour régénérer vos points de vie. Depuis la version 1.9, il est possible de crafter les cristaux de l'Ender afin de faire apparaître à nouveau l'Enderdragon. Utile pour tous ceux qui veulent renouveler le combat !

106

Sorcière

Points de vie ♥ x13 **Butin**

Dégâts à distance (potion de dégâts)

facile ♥ x3

normal ♥ x3

difficile ♥ x3

La sorcière vous attaque à l'aide de potions. Lorsque vous êtes éloigné, elle vous lance une potion de lenteur, puis une potion de poison qui, chaque seconde, vous retire un demi-cœur. La potion de poison ne peut pas vous être fatale. En revanche, la potion de dégâts (3 cœurs) qu'elle vous envoie le sera sûrement. Si vous êtes très proche d'elle au moment où elle lance sa potion, elle peut se blesser également (mais peut utiliser une potion pour se soigner). Si la foudre tombe sur un village, il y a de fortes chances pour qu'une sorcière apparaisse.

107

Slime

Points de vie ❤ x16

Butin

Dégâts au contact

facile ❤ x1.5

normal ❤ x2

difficile ❤ x3.5

Le slime est une créature qui n'apparaît que dans les biomes marais. Pour s'en débarrasser, il faut la découper en slimes plus petits, ce qui rend le combat toujours un peu hasardeux. Le slime possède une fréquence d'attaque assez élevée. Il est donc très coriace à affronter sans aucune protection (en mode difficile, il vous mettra K.-O. en 3 ou 4 coups).
La chasse au slime est utile si vous avez l'intention de créer des mécanismes redstone qui impliquent des pistons collants, ou encore pour fabriquer des laisses pour attacher chevaux et lamas.

FIN

Merci à tous !

Merci à la communauté Minecraft de partager vos astuces innombrables. J'espère que ce livre vous sera utile pour vos parties en survie.

Dédicace spéciale à Mizuchi, Odealuna, Tramni, Amélie et toutes celles et ceux qui sont venus s'installer sur le petit serveur vanilla en mode difficile que j'ai mis en place.

@SLeflou

Stef Leflou